# Aprende a Leer con las Aventuras de Leo y Lia

## Un Viaje por las Letras Para Niños a Partir de 5 Años

Dra. Elena Ferrer

# Índice

# Comunidad

Hemos creado un canal de Telegram donde te compartiremos novedades, ebooks gratis, cuentos, chistes y demás libros infantiles que te van a gustar.
Entra sin compromiso:

@LIBROSINFANTIL
ESPARAREGALAR

# Introducción

¿Estás listo para embarcarte en una expedición extraordinaria a través del mágico mundo de las palabras? Ponte tu sombrero de explorador y ata bien tus zapatos de aventura, porque vamos a zarpar hacia la Isla de las Vocales, donde cada letra cobra vida de la manera más sorprendente.

Tú serás el protagonista de esta historia, acompañado por dos increíbles amigos: Leo, un león curioso y valiente, y Lia, una liebre ingeniosa y rápida. Juntos, descubrirán secretos escondidos en la playa de la A, resolverán acertijos en la cueva oculta de la O, y cantarán canciones en el valle de la E. Cada letra es una parada en este viaje fantástico que te ayudará a leer y a escribir, mientras te diviertes inmensamente.

En el Bosque de las Consonantes, aprenderás el sonido de cada una jugando entre árboles que susurran cuentos y hojas que bailan al ritmo de las palabras. Y no solo eso, el Río de las Sílabas te espera con sus aguas cristalinas para enseñarte cómo unir las letras y formar sílabas, mientras navegamos juntos en un barco de papel.

Este libro es un mapa del tesoro que te llevará montaña arriba hasta llegar a la Montaña de las Palabras, donde palabras mágicas y frases enteras se unen para formar historias que nunca olvidarás. Y cuando llegues al Valle de las Frases, sentirás la alegría de construir tus propias oraciones, preparándote para el gran Festival de los Cuentos.

¿Estás preparado para leer, jugar y aprender? ¡Vamos! Leo y Lia te esperan con las páginas abiertas, listos para iniciar la aventura de leer. Aquí cada página es una puerta a nuevos mundos, cada frase un paso en el camino de la aventura, y cada palabra un tesoro por descubrir.

¡Coge este libro y comencemos juntos este viaje maravilloso!

# Capítulo 1: La Isla de las Vocales

## La llegada a la isla: Leo y Lia encuentran un mapa misterioso.

Era un día soleado cuando Leo, el león curioso, y Lia, la liebre ingeniosa, jugaban al escondite entre las dunas doradas cerca de su casa.

Leo, con su melena al viento, contaba con los ojos cerrados, mientras Lia buscaba el mejor lugar para esconderse. Saltando entre los matorrales, Lia tropezó con algo duro que sobresalía de la arena. Era un cofre pequeño, de madera antigua y con dibujos de estrellas y lunas.

"¡Leo, ven rápido!" gritó Lia, su corazón latiendo de emoción. Leo, con sus grandes patas de león, corrió hacia ella y juntos abrieron el cofre. Dentro, encontraron un rollo de papel amarillento y gastado por el tiempo.

Era un mapa misterioso que mostraba un camino desde su hogar hasta una isla desconocida, marcada con un gran signo de interrogación y rodeada por las aguas del "Mar de las Palabras".

"Debe ser la Isla de las Vocales," dijo Leo, sus ojos brillando de aventura. "¡Imagina todas las aventuras que nos esperan allí!" Lia, siempre lista para un desafío, asintió con entusiasmo.

Tomaron sus mochilas, llenándolas con cuadernos, lápices, y una lupa grande para no perder ningún detalle. Se despidieron de sus familias y, siguiendo el mapa, caminaron hacia la costa donde un pequeño barco de madera los esperaba.

Con el mapa en una mano y la otra en el timón, Leo guió el barco bajo el cálido sol de la tarde, mientras Lia vigilaba la ruta y anotaba todo lo que veían.

El viaje por el Mar de las Palabras fue tranquilo. Flotaban letras por todas partes, algunas formando pequeñas palabras que Lia apuntaba emocionada en su cuaderno: "casa", "árbol", "sol". Leo, fascinado, intentaba atrapar las letras más altas, riendo cada vez que una "L" o una "T" le hacían cosquillas en la nariz.

Al caer la tarde, la silueta de la isla emergió en el horizonte. Era una isla vibrante, con playas de arena suave y un bosque denso que parecía susurrar cuentos al viento. El barco tocó tierra en la playa de la A, donde las palmeras formaban arcos que parecían susurrar la primera vocal del alfabeto.

"¡Hemos llegado a la Isla de las Vocales!" exclamó Lia, saltando del barco. La arena estaba adornada con conchas que, si las escuchabas de cerca, pronunciaban claramente la letra "A".

Leo y Lia exploraron la playa, encontrando frutas en forma de letras y flores que bailaban formando la "A" con cada ráfaga de viento. Decidieron acampar bajo una palmera gigante, y mientras el sol se ponía, planearon su exploración para el día siguiente.

"Escribe 'A' en la arena," sugirió Leo, y Lia con un palito dibujó grandes As en la orilla. Cada ola que llegaba parecía leer la letra antes de borrarla y llevarla de vuelta al mar. "La 'A' de aventura," dijo Lia, "¡justo como nuestra aventura en la Isla de las Vocales!"

Esa noche, bajo un cielo lleno de estrellas, Leo y Lia soñaron con las maravillas que les esperaban en la isla. Sabían que cada vocal les enseñaría algo nuevo y que su viaje estaba apenas comenzando.

## Aventura en la playa de la A: Canciones y juegos para aprender la A.

Después de una noche de sueños con letras danzantes, Leo y Lia despertaron al sonido de las olas murmurando la vocal "A".

El sol brillaba alto y el día prometía nuevas aventuras y aprendizajes. Decidieron comenzar explorando más a fondo la playa de la A, donde cada grano de arena parecía formar esta primera letra del alfabeto.

### Juego 1: La Caza de la 'A'
Leo propuso el primer juego del día: "¿Qué tal si jugamos a la caza de las 'A's?" Lia, emocionada, asintió con una sonrisa.

Juntos, comenzaron a buscar conchas, piedras y hojas que tuvieran forma de 'A'. Cada vez que encontraban una, Leo la levantaba emocionado y gritaba: "¡Aquí hay otra 'A' para nuestra colección!" Al final del juego, tenían una pequeña montaña de tesoros naturales en forma de 'A'.

## Canción: La Melodía de la A

Luego, Lia dijo: "Es momento de ponerle música a nuestra aventura". Se sentaron en la arena, y Lia comenzó a tocar su flauta, una melodía sencilla que Leo pronto empezó a cantar:

♪♪ A de arena, A de azul,
A de amor, A de amable.
A de aire, A de amistad,
A de atardecer que vamos a ver.

Con cada verso que cantaban, las olas aplaudían con suavidad, llevando la melodía por toda la playa. Los pájaros se unían, y todo en la isla parecía vibrar con el sonido de la 'A'.

## Juego 2: Construyendo Palabras con la 'A'

Inspirados por la canción, decidieron jugar a construir palabras que comenzaran con la letra 'A'. Lia dibujaba una gran 'A' en la arena, y luego ambos corrían alrededor para encontrar objetos que empezaran con esa letra: "Alga", "Arena", "Ave", "Astilla". Cada objeto encontrado era una victoria celebrada con un nuevo canto.

**Canción: El Eco de la 'A'**

Con el sol comenzando a declinar hacia el horizonte, Leo propuso una última actividad: "Vamos a cantar cada palabra mientras el eco de la playa nos responde". Así, Lia cantaba:

♪♪ Alga

Y el eco respondía:

Alga

Este simple juego les enseñó no solo sobre la letra 'A', sino también a escuchar la naturaleza y la música en sus propias voces.

Al caer la noche, con un cielo teñido de tonos anaranjados y rosas, Leo y Lia se sentían contentos y un poco cansados después de un día lleno de juegos y canciones. Habían llenado páginas de sus cuadernos con dibujos y palabras nuevas, todas celebrando la primera vocal del alfabeto, la 'A'.

**Reflexión bajo las estrellas**

Sentados bajo la luna creciente, Leo miró a Lia y dijo: "Hoy aprendí que la 'A' no es solo una letra, sino un inicio para muchas palabras importantes." Lia asintió, añadiendo, "Y cada 'A' que encontramos hoy, desde la arena hasta el alga, nos cuenta una historia diferente."

Esa noche, bajo la luz de las estrellas y el suave murmullo de las olas, Leo y Lia soñaron con las otras vocales que explorarían en los días siguientes, cada una esperando revelar nuevos secretos y aventuras en la Isla de las Vocales.

# El valle de la E: Rimas y versos saltarines.

Tras despedirse de la playa de la A con una última ola al mar, Leo y Lia siguieron el mapa que los llevó a través de un sendero serpenteante hacia el Valle de la E. Este lugar era conocido entre los habitantes de la isla por sus extensos campos de esmeraldas y eucaliptos que, al ser tocados por el viento, susurraban suaves versos.

**Juego 1: El Eco de las 'E's**
Al entrar al valle, lo primero que hicieron fue jugar al eco de las 'E's. Se paraban entre los eucaliptos, y Leo gritaba palabras como "elefante" y escuchaban cómo el valle devolvía el sonido estirando la 'E' con un alegre "Eeeelefaaanteee". Lia reía y probaba ella también: "escarabajo", recibiendo un "Eeeescarabajooo" como respuesta.

Este juego no solo era divertido, sino que también les ayudaba a entender cómo la vocal 'E' se encuentra en tantas palabras.

**Verso: Saltando entre 'E's**

Inspirados por los ecos, comenzaron a crear versos saltarines utilizando palabras que comenzaran o contuvieran la vocal 'E'. Juntando piedras formaron un gran círculo y, saltando de una a otra, cantaban rimas que ellos mismos inventaban:

♪♪ En el valle espero,
    Encuentro un perro,
    Entre pétalos me escondo,
    Escribo rimas y respondo.

Cada "E" pronunciada resonaba en el aire, y las palabras parecían danzar junto a ellos. Leo pensaba en cómo cada 'E' daba un salto en su rima, mientras Lia apuntaba cada nuevo verso en su cuaderno.

**Juego 2: Rastreadores de 'E's**

El siguiente juego que Lia propuso fue el de rastreadores de 'E's. Consistía en buscar en el valle objetos que empezaran con 'E'. "Este juego es esencial para entender el entorno", explicaba Lia mientras señalaba un "escarabajo" bajo una hoja. Leo encontró "espinas" en un rosal, y juntos descubrieron "estrellas" cuando el cielo comenzaba a oscurecer.

**Canción: La Canción de las 'E's**

Al final del día, se sentaron exhaustos bajo un gran eucalipto y comenzaron a cantar una canción con todas las palabras que habían encontrado:

♪♪ En el valle, un escarabajo,
  Espiando bajo el rosal,
  Esperanza en cada rama,
  Eternidad en el umbral.

**Reflexión al atardecer**
Mientras el sol se ponía, pintando el cielo de tonos pastel, Lia y Leo reflexionaron sobre lo aprendido. "La 'E' es como un puente", dijo Leo, "une palabras, sonidos y el mundo a nuestro alrededor". Lia asintió, sumando que "cada 'E' encontrada y cada verso creado, nos enseña más sobre cómo las vocales pueden llenar de vida el lenguaje".

Esa noche, bajo el cielo estrellado del Valle de la E, entre susurros de hojas y el cálido abrazo de sus sacos de dormir, Leo y Lia soñaron con más aventuras. Sabían que cada vocal les abriría un nuevo mundo de posibilidades y que cada una tenía su propio secreto que, juntos, descubrirían.

# Isla I de los inventos increíbles: Historias interactivas que incluyen la I.

Después de explorar el Valle de la E, el mapa llevó a Leo y Lia a cruzar un pequeño puente colgante que se mecía suavemente sobre el "Río de las Sílabas".

Al otro lado, encontraron la Isla I de los inventos increíbles, un lugar fascinante lleno de ingenios y maravillas mecánicas, donde cada invento tenía algo especial que enseñar sobre la vocal "I".

## Juego 1: Identificación de Inventos

Apenas pusieron un pie en la isla, un gran cartel les dio la bienvenida: "Inicia la Indagación de los Inventos con I". El juego era sencillo: debían explorar la isla en busca de inventos que incluyeran la 'I' en su nombre. "¡Imagina todas las ideas interesantes que investigaremos!" exclamó Lia, mientras anotaba en su cuaderno la primera palabra "Iluminador Intergaláctico", un dispositivo que proyectaba luces de colores que iluminaban las copas de los árboles.

## Historia interactiva: El Ilusionista y el Insecto Inteligente

Mientras exploraban, se toparon con un teatro donde un anciano les invitó a participar en una historia interactiva. "¡Ingresen, jóvenes inventores! ¡Interpreten y infieran!" les dijo con una sonrisa.

Leo se convirtió en el Ilusionista, un personaje que inventaba máquinas para crear ilusiones magníficas, y Lia era un Insecto Inteligente, el asistente del Ilusionista que aportaba ideas ingeniosas para mejorar los inventos. Juntos, crearon el "Intercambiador de Imágenes", un aparato que podía cambiar las imágenes de lugar para sorprender al público.

La historia los llevó a resolver un enigma usando palabras con la 'I', interactuando con el público que sugería ideas. Cada vez que acertaban, la máquina emitía sonidos melodiosos y vibrantes.

## Juego 2: Laberinto de Inventos

El siguiente desafío fue el Laberinto de Inventos, donde cada camino estaba marcado con nombres de inventos y solo los que tenían una 'I' llevaban en la dirección correcta.

"¡Usa tu ingenio para encontrar la salida!", gritó un robot al inicio del laberinto. "Impresora", "Iglú Electrónico", e "Inflador de Globos" eran algunas de las pistas que los ayudaban a avanzar.

## Canción: La Increíble I

Al salir del laberinto, Lia sugirió descansar y escribir una canción sobre su aventura. Juntos compusieron:

♪♪ Inventamos con imaginación,
   Iluminando ideas con inspiración,
   Intercambiador de Imágenes viene a mostrar,
   Inventos increíbles que aquí van a quedar.

## Reflexión junto a la fogata

Esa noche, mientras descansaban junto a una fogata, Leo reflexionó en voz alta: "La letra 'I' es realmente increíble, impulsa la imaginación y invita a innovar".

Lia, mirando las estrellas, añadió: "Cada invento con 'I' que encontramos hoy, desde el Iluminador Intergaláctico hasta el Inflador de Globos, nos mostró cómo una simple vocal puede inspirar tantas ideas creativas."

La Isla I de los inventos increíbles había sido un terreno fértil para el aprendizaje y la exploración, donde Leo y Lia no solo habían practicado la vocal 'I', sino que habían descubierto la intersección entre el lenguaje y la creatividad técnica.

## La cueva oculta de la O: Cuentos alrededor del fogón.

Después de despedirse de los inventos y los ingenios de la Isla I, Leo y Lia continuaron su viaje siguiendo el mapa hasta llegar a un sendero rodeado de olivos y orquídeas que los llevó directamente a la Cueva Oculta de la O.

Este lugar místico, escondido entre las colinas ondulantes de la isla, era el santuario perfecto para el arte de contar historias.

### Juego 1: El Óvalo de las Palabras

Justo a la entrada de la cueva, un gran óvalo de piedra servía como portal. "Para entrar, debes ofrecer una palabra con la 'O'", explicó un viejo búho, guardián de la cueva. Lia pensó un momento y exclamó: "¡Océano!" La piedra brilló suavemente y el camino se abrió. Leo siguió con "Otoño", y así, palabra por palabra, iluminaron su entrada a la cueva.

**Cuentos alrededor del fogón**
Una vez dentro, la cueva se expandió hacia una cámara amplia donde un fogón central iluminaba el espacio con una luz cálida y acogedora.

Alrededor del fuego, varios animales del bosque se reunían: un oso, un zorro y un viejo búho eran algunos de los habitantes que compartían historias en las que la vocal 'O' era la protagonista.

**Historia 1: El Oso que Odiaba el Otoño**
El oso comenzó contando su historia, una narración sobre cómo cada otoño, cuando las hojas caían, él sentía una enorme tristeza al ver el bosque perder su color. Pero un día, descubrió un árbol que, en lugar de hojas, perdía pequeñas luces.

"Este árbol me enseñó que el otoño también puede traer luz, no solo oscuridad", concluyó con una sonrisa, y la 'O' en sus palabras resonaba con una calidez especial.

### Historia 2: El Zorro y la Luna Llena de Oro

Lia, inspirada por el oso, narró la aventura de un zorro que cada luna llena buscaba la "Luna Llena de Oro", un tesoro escondido que solo aparecía cuando la vocal 'O' se pronunciaba correctamente en un encantamiento mágico. "Ópalo de luna, óvalo de oro, oculta la sombra, canta el coro", recitó Lia. La historia encantó a todos, especialmente cuando describió cómo el zorro finalmente encontró la luna de oro y con ella, la alegría de compartir su hallazgo con otros.

### Juego 2: Eco de 'O'

Después de las historias, el búho propuso un juego: "Repite conmigo, eco de 'O'". Todos alrededor del fogón tenían que decir una palabra con 'O' y escuchar cómo el eco de la cueva la devolvía amplificada. "Océano", gritó Leo, y la cueva respondió con un profundo "Oooocéaaanooo". "Olivo", dijo Lia, y el eco jugó con la palabra hasta desvanecerla suavemente.

### Reflexión bajo las estrellas de la cueva

Así pasaron la noche, entre cuentos y ecos, aprendiendo sobre la resonancia y belleza de la 'O'.

Cada historia añadía comprensión y profundidad a su conocimiento de la vocal, y la cueva, con su acústica natural, era el aula perfecta para experimentar con el sonido. Al final, Leo y Lia se acomodaron entre suaves musgos y, bajo la luz de las estrellas que se colaban por pequeños agujeros en el techo de la cueva, reflexionaron sobre lo aprendido.

"La 'O' es más que una letra; es un círculo que nos une en historias y canciones", murmuró Lia antes de caer en un sueño profundo, soñando con lunas llenas de oro y bosques iluminados por árboles mágicos.

# El umbral de la U: Laberintos de palabras y acertijos.

Tras una noche repleta de cuentos encantados bajo el resplandor de la cueva de la O, Leo y Lia despertaron listos para continuar su aventura.

El mapa los guió esta vez hacia el Umbral de la U, un área misteriosa conocida por sus laberintos de setos y sus desafiantes acertijos que ponían a prueba el ingenio y la destreza de sus visitantes.

### Juego 1: Laberinto de la 'U'

Al llegar, se encontraron frente a un vasto laberinto de setos altos, cada entrada marcada con una enorme letra 'U' dorada que brillaba.

"Para avanzar, debes resolver acertijos que contengan la 'U'", anunció una voz amigable, que resultó ser de un unicornio de mirada sabia, custodio de ese mágico lugar.

Leo y Lia se adentraron en el laberinto, y al poco rato encontraron su primer desafío escrito en una placa de piedra: "Soy la casa del rey pero no soy palacio, ¿qué soy?" Con un momento de reflexión, Lia exclamó, "¡Un uzo!" Y justo al decirlo, un segmento del seto se desplazó, abriéndoles paso.

### Juego 2: Acertijos de 'U'
El camino que siguieron estuvo salpicado de diversos acertijos, cada uno centrado en la utilización de la 'U'.

Algunos eran simples, otros más complejos, y cada respuesta correcta les revelaba la siguiente parte del camino.

### Acertijo 2:
"Alto en el cielo volaré, y en el universo me perderé, ¿quién soy?" "¡Un urogallo!", dijo Leo por error, y nada ocurrió. Pensó nuevamente y corrigió, "Un unicornio!" Y con esa respuesta, otra puerta se abrió.

Así, enfrentaron desafíos que incluían palabras como "único", "usual" y "útil", cada una desbloqueando nuevos segmentos del laberinto y enseñándoles el amplio uso de la 'U' en el idioma.

### Juego 3: La Carrera de Palabras

Finalmente, llegaron a un claro dentro del laberinto donde el unicornio los esperaba. "Para finalizar, deben atrapar las 'U's voladoras y formar palabras con ellas," les explicó.

Palabras como "utopía", "ukelele", "unánime" flotaban en el aire, escritas en delicadas burbujas que debían capturar.

### Canción: Melodía de la 'U'

Exhaustos pero felices, Lia propuso crear una canción con todas las palabras que habían aprendido. Sentados bajo la sombra de un olmo, compusieron juntos:

♪♪ Única y útil, la U brilla,
. Uniendo universos en una silla,
. Utopías que un día viviremos,
. Últimas únicas que siempre tendremos.

### Reflexión al final del día

Mientras descansaban después de su intensa jornada de juegos y acertijos, Lia miró a Leo y dijo, "La 'U' es como un camino hacia mundos desconocidos, donde cada palabra nos lleva a un nuevo descubrimiento".

Leo asintió, añadiendo, "Y cada acertijo era una llave, abriendo caminos que solo la imaginación puede explorar". Esa noche, bajo la luna creciente y el silencioso canto de los grillos, Leo y Lia se durmieron pensando en las maravillas de la 'U', emocionados por las aventuras que les esperaban y agradecidos por los misterios revelados en el Umbral de la U.

# Capítulo 2: El Bosque de las Consonantes

# B de burbuja y P de pelota: Leo y Lia juegan y aprenden en el bosque burbujeante.

Después de su aventura en el Umbral de la U, Leo y Lia se dirigieron hacia el norte siguiendo el sinuoso sendero marcado en su mapa, que los llevó al Bosque de las Consonantes. Este bosque era famoso por sus árboles parlantes y sus flores silbantes, y cada sección estaba dedicada a una o más consonantes específicas. La primera área que explorarían sería la de la B y la P.

**Juego 1: Burbujas de Palabras**
Justo al entrar en la zona de la B y la P, fueron recibidos por una brisa fresca que traía burbujas gigantes flotando entre los árboles. "Estas no son burbujas comunes," explicó una mariposa que pasaba volando. "Cada burbuja lleva dentro una palabra que comienza con B o P. Tienes que atraparlas para aprender nuevas palabras."

Leo y Lia, emocionados, comenzaron a correr tras las burbujas. Leo saltó para atrapar una grande y azul, y al tocarla, la burbuja estalló suavemente, revelando la palabra "Ballena". Lia, por su parte, capturó una burbuja rosada que al explotar, mostró la palabra "Pelícano".

## Canción: Bailando con B y P

Con un puñado de palabras recolectadas, decidieron crear una canción. Mientras Lia tocaba una melodía en su flauta, Leo cantaba:

♪♪ B de burbuja, P de pelota,
  Baila la ballena y la pelota bota.
  B de botella, P de paloma,
  Brilla la luna y el sol se asoma.

Cada verso que cantaban hacía que más burbujas aparecieran, y con cada palabra que aprendían, más se divertían.

## Juego 2: El Bosque Burbujeante

Inspirados por su canción, el bosque les presentó un nuevo desafío: el Bosque Burbujeante. En este juego, burbujas de todos los tamaños flotaban alrededor, y cada una que estallaban, liberaba una letra. El objetivo era formar palabras utilizando las letras B y P.

"Vamos a formar tantas palabras como podamos", dijo Lia con determinación. Juntos, formaron palabras como "Búho", "Pato", "Bicicleta" y "Paraguas". Cada nueva palabra era un descubrimiento y una pequeña celebración.

## Reflexión al atardecer

Después de horas de juegos y aprendizaje, Leo y Lia se sentaron bajo el gran árbol de Baobab a descansar.

Pensaron sobre lo aprendido: "Lia, ¿te diste cuenta de cómo cada consonante tiene su propio sonido y carácter?", preguntó Leo, mirando una "B" tallada en el tronco del árbol.

"Sí, y combinarlas con las vocales abre un mundo de posibilidades. Las palabras son como un juego de construcción, donde cada pieza es esencial," respondió Lia, su mente ya en las letras y palabras nuevas que explorarían mañana.

### Despedida del Bosque Burbujeante

Mientras el sol se ponía, pintando el cielo de naranjas y rosas, y las sombras largas de los árboles se estiraban sobre el suelo del bosque, Leo y Lia se prepararon para continuar su viaje. Sabían que cada sección del bosque les enseñaría algo nuevo y maravilloso sobre las consonantes y estaban ansiosos por descubrir todos los secretos que el Bosque de las Consonantes tenía para ofrecer.

Esa noche, bajo un cielo estrellado y el suave parpadeo de las luciérnagas, se durmieron pensando en las letras, palabras y melodías que habían aprendido. La aventura en el Bosque de las Consonantes apenas comenzaba, y ambos sabían que cada paso les llevaría a aprender más sobre el mágico mundo de la lectura.

# La fiesta de la T y la D: Teatro de títeres y diálogos divertidos.

Tras una noche reparadora bajo el techo estrellado del Bosque de las Consonantes, Leo y Lia despertaron con el sonido de los pájaros cantando melodías que parecían enfatizar sonidos de la T y la D. Era el indicativo perfecto para la siguiente parada de su aventura: la sección del bosque donde estas dos consonantes reinarían supremas en una fiesta llena de teatro y diálogos.

**Juego 1: Diálogo Dinámico**
Su primera actividad del día fue un juego llamado "Diálogo Dinámico". Una ardilla, directora de la fiesta, les explicó: "En este juego, cada uno de ustedes debe crear frases que alternen entre palabras que empiezan con T y D. Deben ser rápidos y cada frase debe tener sentido con la anterior, ¡como en un verdadero diálogo!"

Lia comenzó: "Tina, trae dos donas, por favor." Leo continuó: "Daniel, dile a Tina que traiga también té." "Tal vez, Tina pueda decorar las donas con dulce de leche," propuso Lia.

Rápidamente se encontraron improvisando una historia completa, disfrutando de la aliteración y la rima que las letras T y D aportaban a su creatividad.

**Juego 2: Teatro de Títeres**

Posteriormente, la ardilla les señaló hacia un pequeño escenario adornado con telones de terciopelo y un cartel que decía: "Teatro de Títeres". Leo y Lia se entusiasmaron al ver una caja llena de títeres de mano, cada uno diseñado como un animal o personaje que empezaba con T o D.

"Usen estos títeres para montar una obra. Incluyan muchas palabras con T y D y hagan que sus personajes dialoguen entre sí", instruyó la ardilla.

Leo escogió un títere de tigre y Lia uno de delfín. Comenzaron a esbozar su guión:

**Escena 1: El encuentro en el tranquilo río**

Tigre (Leo): "¡Hola, distinguido Delfín! Hoy parece un día tremendo para un paseo."

Delfín (Lia): "Definitivamente, Tigre. Este río está tranquilo y lleno de delicias para descubrir."

**Escena 2: El problema de la trampa**

Tigre: "¡Cuidado, Delfín! Hay una trampa detrás de aquellos troncos."

Delfín: "¡Dios mío! Gracias, Tigre. Tu ojo detallista me ha salvado."

Con cada acto, Leo y Lia no solo practicaban el uso de las consonantes T y D, sino que también exploraban nuevas formas de expresión creativa, manipulando a sus personajes y dando vida a sus voces.

**Canción: Dúo de la T y la D**
Al final de su actuación, decidieron celebrar con una canción que resumiera su aventura teatral, alternando líneas que empezaran con T y D:

♪♪ Tigre trotaba por el bosque un día,
Delfín daba saltos sin parar.
Trampas en el camino, peligro constante,
Dúo dinámico, juntos a superar.

**Reflexión al caer la tarde**
Exhaustos pero satisfechos después de un día lleno de teatro, Leo y Lia se recostaron bajo la sombra de un árbol tupido. "Hoy aprendí mucho sobre cómo las palabras y los sonidos se entrelazan para crear historias," dijo Lia. "Y cómo el teatro puede dar vida a esas historias," agregó Leo, "especialmente cuando usamos letras específicas como hoy."

La fiesta de la T y la D había sido un éxito rotundo. Entre diálogos dinámicos y teatro de títeres, los dos amigos habían explorado profundamente el arte de la narrativa y la importancia del sonido en la construcción de palabras y frases.

A medida que el sol se ponía, y las sombras de las letras T y D bailaban en el camino del bosque, Leo y Lia se prepararon para la siguiente aventura, sabiendo que cada letra les ofrecía un nuevo mundo de posibilidades.

## Carrera en la colina de la C, la K y la Q: Un camino de cuentos cortos.

Con el dulce recuerdo de los títeres aún en mente, Leo y Lia se adentraron más profundamente en el Bosque de las Consonantes, donde el camino los llevó hacia una colina conocida por albergar tres consonantes curiosamente cómplices: la C, la K y la Q.

Esta zona, famosa por sus desafiantes carreras de cuentos y la belleza de su paisaje, prometía ser una aventura de agilidad tanto física como mental.

### Juego 1: Carrera de Consonantes
A su llegada, fueron recibidos por un cuervo que les explicó las reglas: "En la Carrera de Consonantes, cada competidor debe recoger cartas dispersas por la colina que comiencen con C, K, o Q. Cada carta tiene un fragmento de un cuento corto. Asciendan mientras forman un cuento coherente y lleguen a la cima para ganar."

Leo y Lia, emocionados, se posicionaron en la línea de partida junto a otros competidores. A la señal, todos comenzaron a correr colina arriba, buscando las cartas esparcidas entre arbustos, detrás de rocas, y colgando de ramas bajas.

## Escenario 1: El Comienzo del Cuento
Lia recogió la primera carta con la letra C: "Caperucita caminaba cautelosamente..." y Leo encontró una con K: "kiosco del camino donde...". Juntos decidieron formar un cuento entrelazando las cartas en un orden que tuviera sentido.

## Escenario 2: Desarrollo del Cuento
Mientras ascendían, continuaron recogiendo cartas. Lia añadió una carta con Q: "quería comprar queso fresco y...", y Leo una con C: "cuando un conejo curioso...".

Cada nuevo fragmento añadía profundidad a su historia, que se desarrollaba con cada paso que daban colina arriba.

## Escenario 3: El Clímax y la Conclusión
Casi en la cima, Lia encontró una carta con K: "karaoke cantó hacia el camino del rey..." y Leo una última con C: "culminando su aventura cerca del crepúsculo."

Con todas las partes del cuento en mano, llegaron a la cima donde el cuervo esperaba para escuchar su narración.

## Recitación del Cuento Completo

Ante un público de animales del bosque, Leo y Lia recitaron:

"Caperucita caminaba cautelosamente hacia el kiosco del camino donde quería comprar queso fresco y, cuando un conejo curioso cantó karaoke hacia el camino del rey, culminando su aventura cerca del crepúsculo."

La historia, aunque formada por fragmentos encontrados al azar, tenía un encanto peculiar y arrancó aplausos de los espectadores.

## Juego 2: Acertijos de Consonantes

Después de la carrera, el cuervo les propuso un último juego: resolver acertijos donde las respuestas debían empezar con C, K, o Q.

"¿Cuál es el fruto volador?" preguntó el cuervo. "¡Kiwi!" respondió Leo, entendiendo que la pregunta era un juego de palabras.

## Reflexión al atardecer

Exhaustos pero satisfechos, Leo y Lia se sentaron en la cima de la colina a mirar el sol ponerse. "Cada consonante trae su propio ritmo y sonido al lenguaje," reflexionó Leo. "Y cada cuento nos enseña algo nuevo," agregó Lia.

La Carrera en la colina de la C, la K y la Q no solo había sido una prueba de su agilidad física y mental, sino también una hermosa manera de explorar cómo las consonantes forman la estructura de palabras y cuentos, y cómo estos elementos combinados crean magia en el lenguaje.

**Despedida de la colina**
Mientras descendían de la colina bajo un cielo ahora estrellado, ambos amigos llevaban consigo el conocimiento de que la magia de las palabras reside en cómo se entrelazan para contar historias, cada letra y cada palabra más poderosa por el esfuerzo compartido en su creación.

# Las gemelas L y la R rugiente: Limericks y trabalenguas.

Continuando su exploración del Bosque de las Consonantes, Leo y Lia descendieron de la colina y siguieron un sendero que los llevó a un claro donde la vegetación resonaba con un peculiar sonido de 'L' y 'R'.

Eran las gemelas L y la R rugiente, famosas por sus limericks melodiosos y sus trabalenguas que desafiaban incluso a los más hábiles habladores.

**Juego 1: Los Limericks de las Gemelas L**
Una liebre, que era la maestra de ceremonias, les dio la bienvenida con un poema:

🎵 Una linda liebre en la loma
   Llevaba ligera su aroma,
   Llegó un lobo con risa,
   Luciendo su prisa,
   Y la liebre le dijo: "¡Toma!"

"¡Ahora es vuestro turno!", exclamó la liebre. "Hagan un poema usando la L tanto como puedan." Leo y Lia, inspirados por el desafío, pensaron un momento y luego juntos recitaron:

   En un lago de luces, la luna
   Llamaba la atención de una tuna,
   Que lúdica y loca,
   Le lanzó una roca,
   Y la luna llena, la acuna.

La liebre aplaudió con entusiasmo, encantada con su creatividad y uso de la 'L'.

## Juego 2: Trabalenguas con la R Rugiente

Después del éxito con los limericks, los guiaron a un rinconcito donde la R rugiente reinaba. "Aquí deben inventar trabalenguas que rimen y rueden la R," dijo un rana con una reverberante voz. "Es un reto real que requiere rapidez y rigor." Leo, siempre listo para un desafío, fue el primero en intentarlo:

   Rita revira ruedas rápidas,
   Ruedan, ruedan sin parar,

♪♪ Rita ríe, Rita rueda,
Rápidas ruedas a girar.

Lia no se quedó atrás y rápidamente creó el siguiente:

El carro de Carlos el conejo
Corre cerrando el corral,
Carlos corrige cuerdas,
Cuidando cada cual.

Cada trabalenguas era más retador que el anterior, y la rana los felicitó por su habilidad para manipular la R con tal destreza.

## Reflexión al Atardecer

Después de un día lleno de rimas y risas, Leo y Lia se sentaron al borde de un riachuelo refrescante, reflexionando sobre lo aprendido. "Los poemas y trabalenguas no solo son divertidos, sino que también mejoran nuestra pronunciación y agilidad mental," comentó Lia. "Y cada consonante, ya sea la ligera L o la rugiente R, tiene su encanto y desafío," agregó Leo, mientras lanzaba una piedra al riachuelo, observando las ondas radiales.

## Despedida del Bosque de las Consonantes

Con el cielo teñido de tonos rosados y anaranjados del atardecer, ambos amigos se prepararon para dejar el Bosque de las Consonantes.

Habían aprendido sobre el poder de la poesía, el ritmo y cómo cada letra contribuye a la magia del lenguaje. Agradecidos y contentos, se adentraron en el bosque, listos para la próxima aventura que les esperaba.

# Capítulo 3: El Río de las Sílabas

## Paseo por el río RA-RE-RI-RO-RU: Melodías y canciones sobre el río.

Después de su enriquecedora aventura en el Bosque de las Consonantes, Leo y Lia se encontraron con el Río de las Sílabas.

Un lugar místico y melodioso donde las aguas cantarinas ayudaban a los visitantes a aprender y practicar las diferentes sílabas del idioma. El primer tramo del río estaba dedicado a las melodiosas combinaciones de RA, RE, RI, RO, RU.

**Juego 1: Eco Sílabico**
Al llegar, un ruiseñor los saludó, invitándolos a un juego musical.

"En el Río RA-RE-RI-RO-RU, cada curso de agua tiene su propia canción. Su tarea es crear una melodía usando sílabas que fluyen por estos ramales," explicó con un trino alegre.

Leo y Lia se pararon a la orilla del río RA, donde las aguas murmuraban "ra, ra, ra". Juntos, empezaron a improvisar una canción, utilizando cada sílaba que el río les ofrecía:

♪♪ Ra, ra, ra, rápidamente corre el río,
  Re, re, re, refleja el sol brillante,
  Ri, ri, ri, ríe la corriente,
  Ro, ro, ro, rota la piedra suavemente,
  Ru, ru, ru, rumorea el futuro.

Con cada nueva estrofa, el ruiseñor aplaudía y las aguas del río parecían danzar al ritmo de su creación.

## Juego 2: La Carrera de Canoas Sílabas

Después de su concierto a la orilla del río, el ruiseñor les propuso un nuevo desafío: una carrera de canoas donde debían seguir el ritmo silábico para mantener su embarcación en el curso correcto.

"En su canoa, encontrarán tambores. Deben golpearlos siguiendo las sílabas que les dicta el río: RA, RE, RI, RO, RU. Cada correcta les llevará más rápido hacia adelante," instruyó el ruiseñor.

Leo y Lia se subieron a la canoa, y mientras navegaban, golpeaban los tambores:

RA - golpeaban fuerte y claro.
RE - con un eco suave.
RI - rápido y repetitivo.
RO - un solo golpe profundo.
RU - ritmo rápido.

La sincronización de sus golpes con las sílabas que flotaban sobre las aguas creaba una música hipnotizante que parecía propulsar la canoa con más fuerza a través del río.

## Reflexión al atardecer

Al final de la carrera, exhaustos pero exultantes, Leo y Lia se recostaron en la orilla del río, escuchando las últimas notas de las sílabas desvanecerse en el aire del atardecer.

"Las sílabas no son solo sonidos, son el ritmo del lenguaje," dijo Lia, pensativa. "Y cada una lleva su propio tono y tempo, como una canción que solo espera ser cantada," agregó Leo, mirando las aguas que seguían susurrando RA-RE-RI-RO-RU.

### Despedida del Río de las Sílabas

Mientras el sol se ponía, tiñendo el cielo de colores cálidos, Leo y Lia se prepararon para dejar el Río RA-RE-RI-RO-RU. Habían aprendido a escuchar más profundamente, no solo a las palabras, sino al corazón mismo del lenguaje, y llevaban consigo el eco de las sílabas que, sin duda, usarían para componer más canciones en el futuro.

Este paseo por el Río de las Sílabas no solo les enseñó sobre la musicalidad del idioma, sino también sobre cómo cada sílaba puede llenar el mundo con belleza y ritmo, haciendo de cada palabra una melodía y de cada frase una canción.

# Salto con las sílabas LA-LE-LI-LO-LU: Juegos de saltar y contar historias.

Después de su melodiosa aventura por el tramo RA-RE-RI-RO-RU del Río de las Sílabas, Leo y Lia continuaron río abajo hasta llegar a una zona donde las aguas bailaban al ritmo de LA-LE-LI-LO-LU.

Este nuevo segmento del río estaba adornado con lirios y lotos que parecían saltar al compás de las sílabas.

## Juego 1: El Léxico del Loto

A su llegada, una garza les dio la bienvenida con un desafío: "En el Léxico del Loto, cada loto en este tramo del río representa una sílaba: LA, LE, LI, LO, LU.

El reto será saltar de loto en loto recogiendo cartas que flotan sobre ellos, cada una marcada con una palabra que empieza con la sílaba correspondiente." Leo y Lia, emocionados, comenzaron a saltar siguiendo el ritmo que la corriente marcaba:

LA - "Lámpara", "Lavar", "Largo"
LE - "Lente", "Leche", "Leyenda"
LI - "Limonada", "Liso", "Libro"
LO - "Lobo", "Loco", "Loto"
LU - "Luna", "Luz", "Luchar"

Con cada salto, una nueva palabra era añadida a su colección, y con ella, la imagen de un pequeño cuento comenzaba a formarse en sus mentes.

## Juego 2: Contando Historias en Saltos

Una vez recogidas las palabras, la garza les propuso el siguiente juego:

"Ahora que han recogido las palabras, úsenlas para contar una historia mientras saltan de nuevo de loto en loto, esta vez recitando la historia creada con cada salto."

Leo y Lia se miraron, un poco nerviosos pero emocionados por el desafío creativo. Leo empezó la historia con un salto firme en un lote marcado con "LA":

♪♪ "En un largo lago, una lámpara mágica flotaba, iluminando el camino de todos los viajeros nocturnos," saltó a "LE",

"una leyenda conocida por todos los que buscaban la lente perdida de la sabiduría," continuó en "LI",

"libro en mano, un liso lirón leía sobre limonadas y linternas antiguas," progresó a "LO",

"loco por aprender, el joven lobo locuaz narraba historias a los lotos," y concluyó en "LU".

"Luna llena miraba desde arriba, iluminando y uniendo los cuentos con su luz suave."

Con cada sílaba, un salto; con cada salto, una parte de la historia se revelaba, tejida por palabras que empezaban con LA, LE, LI, LO, LU.

### Reflexión al anochecer
Al terminar su aventura de saltos y cuentos, Leo y Lia se recostaron en la orilla, escuchando las suaves olas del río mezclar las sílabas en un susurro constante.

"Cada sílaba tiene un peso en la historia, y cada historia un ritmo que seguir," reflexionó Lia, pensativa. "Y cada salto es como una palabra nueva, una idea nueva," añadió Leo, "juntos, saltos y sílabas, forman el cuerpo de los cuentos que contamos y vivimos."

**Despedida del tramo LA-LE-LI-LO-LU**
A medida que el sol se ponía, teñido de colores cálidos que bailaban sobre la superficie del río, ambos amigos se prepararon para seguir su viaje río abajo, llevando consigo las historias creadas y las lecciones aprendidas sobre la musicalidad y estructura del lenguaje, sabiendo que cada sílaba, como cada paso en la vida, era esencial para formar el gran cuento de sus aventuras.

# Navegación con NA-NE-NI-NO-NU: Navegando con novelas cortas.

Después de sus saltos líricos por LA-LE-LI-LO-LU, Leo y Lia llegaron al siguiente tramo del río, dedicado a las vibrantes sílabas NA, NE, NI, NO, NU.

Este segmento, conocido como la "Corriente de las Novelas", estaba adornado con nenúfares y neblina suave que susurraba historias al oído de los viajeros.

**Juego 1: El Canal de las Narrativas**

A la orilla del tramo, un nutria narradora les introdujo al primer juego: "En el Canal de las Narrativas, cada barca está inscrita con una de las sílabas: NA, NE, NI, NO, NU. Deben navegar cada canal recogiendo fragmentos de novelas que flotan en botellas. Cada fragmento empezará con la sílaba de su barco."

Emocionados, Leo y Lia eligieron la barca con la sílaba NA y empezaron su aventura:

NA - Navegaron por un estrecho canal donde recogieron botellas que contenían frases como: "Nadie sabía el nombre del navío hundido", "Naranjas y mandarinas adornaban la mesa del comedor".

NE - Al cambiar de barca, continuaron con NE: "Nerviosos, los personajes del libro esperaban el desenlace", "Necesitaban encontrar la clave que resolvería el misterio".

NI - Con la sílaba NI, encontraron: "Nicolás nunca imaginó encontrarse con un nido de pichones", "Ningún niño ni adulto podría prever lo que estaba por suceder".

NO - Navegando con NO: "Nocturna y misteriosa, la ciudad escondía secretos oscuros", "Nostalgias de un pasado feliz invadían su corazón".

NU - Finalmente, con NU: "Nunca subestimes el poder de un buen libro", "Nubes de tormenta se cernían sobre el pueblo".

## Juego 2: Construcción de Novelas

Tras recoger los fragmentos, la nutria les propuso: "Ahora, usen los fragmentos para construir una novela corta que fluya de NA a NU. Cada capítulo debe comenzar con la sílaba correspondiente y contar una parte de la historia."

Leo y Lia, con las botellas dispersas a su alrededor, comenzaron a ordenar los fragmentos, creando una historia entrelazada:

Capítulo NA: "Nadie sabía el nombre del navío hundido, donde naranjas y mandarinas aún adornaban la mesa del comedor, ahora cubierta de algas y corales."

Capítulo NE: "Nerviosos, los personajes del libro, un grupo de arqueólogos, necesitaban encontrar la clave escondida en el navío que resolvería el misterio de la isla prohibida."

Capítulo NI: "Nicolás, el líder, nunca imaginó que el nido de pichones que encontraría con un simple mapa que había en el estudio de su abuelo, donde ningún niño ni adulto había osado mirar antes."

Capítulo NO: "Nocturna y misteriosa, la exploración bajo la luz de la luna revelaba secretos oscuros del navío, mientras nostalgias de tiempos más simples y felices invadían el corazón de Nicolás."

Capítulo NU: "Nunca subestimes el poder de un buen libro, pensaba Nicolás mientras las nubes de tormenta se cernían, prometiendo desvelar más que solo lluvia sobre el pueblo curioso."

**Reflexión al anochecer**
Finalizando su navegación, Leo y Lia compartieron su novela con la nutria, quien les aplaudió emocionada: "¡Han tejido una historia maravillosa que capta la esencia de cada sílaba y el corazón de todos los que amamos las narrativas!"

Exhaustos pero llenos de una nueva apreciación por la estructura y ritmo de las palabras, Leo y Lia descansaron a la orilla del río, escuchando cómo las aguas seguían murmurando historias de NA a NU.

**Despedida de la Corriente de las Novelas**
Mientras se alejaban del tramo del río, llevaban consigo no solo nuevas habilidades narrativas sino también una serie de historias entrelazadas que recordarían y contarían en los años venideros. Cada sílaba, cada palabra, cada fragmento recogido había contribuido a una gran aventura literaria en el Río de las Sílabas.

# Capítulo 4: Montaña de las Palabras

# Ascenso al monte de las palabras mágicas: Construcción de palabras a través de juegos.

Después de su navegación por el río de las sílabas, Leo y Lia llegaron al pie de la Montaña de las Palabras. Una imponente masa de tierra cubierta de letras y sílabas que flotaban en el aire como hojas llevadas por el viento.

Este monte era famoso por sus desafíos de construcción de palabras, donde los aventureros podían aprender y practicar nuevas palabras a través de juegos interactivos.

### Juego 1: La Escalera de Palabras

A su llegada, fueron recibidos por un mono sabio, el guardián de la montaña, quien les presentó el primer juego: La Escalera de Palabras. "En este juego," explicó el mono, "deben formar una palabra con las letras que encontrarán en cada peldaño de la escalera que sube la montaña. Cada letra está escondida y tienen que hayarlas realizando pequeñas pruebas físicas y mentales."

Leo y Lia aceptaron el reto con entusiasmo y comenzaron a ascender. En el primer peldaño, descubrieron la letra "M" al resolver un acertijo matemático.

En el segundo, descubrieron la letra "A" después de completar un pequeño circuito de obstáculos. Continuaron así, encontrando "G", "I", "C", "A", formando finalmente la palabra "MÁGICA".

## Juego 2: El Túnel de los Anagramas

Después de completar la escalera, el mono les llevó a la entrada de un túnel, donde el siguiente juego les esperaba. "Este es el Túnel de los Anagramas," dijo el mono.

"Aquí, pueden usar las palabras que han formado y encontrar anagramas en un tiempo limitado. Cada anagrama correcto os llevará más profundamente en el túnel hacia el tesoro de conocimiento."

Con la palabra "MÁGICA" en mente, Leo y Lia se adentraron en el túnel. "AMIGA", "CIMA" — con cada paso y cada nuevo anagrama, la luz del túnel se hacía más brillante, guiándolos hacia adelante.

## Juego 3: Las Cascadas de Conjugaciones

Emergiendo del túnel, encontraron las Cascadas de Conjugaciones, donde el agua no solo fluía hacia abajo, sino también palabras y sus diversas conjugaciones.

"Aquí deben usar el verbo 'ENCANTAR', que significa maravillarse por algo o alguien, y conjugarlo en diferentes tiempos y personas," instruyó el mono.

Leo y Lia se pusieron a trabajar:
Yo encanto
Tú encantas
Él/ella encanta
Nosotros encantamos
Vosotros encantáis
Ellos encantan

Con cada correcta conjugación, una parte del camino hacia la cima se iluminaba, marcando el camino final hacia el pico de la montaña.

**Reflexión en la cima**
Al alcanzar la cima de la Montaña de las Palabras, Leo y Lia se sentaron a contemplar el valle que se extendía bajo ellos, un tapiz de palabras y sílabas que habían aprendido a dominar.

"Cada palabra tiene un poder enorme," dijo Lia, "y saber cómo formarlas y transformarlas nos da un poder igual de grande."

"Y cada juego nos enseñó no solo sobre palabras, sino cómo usarlas con cuidado y creatividad," añadió Leo, mientras observaba cómo las letras seguían flotando alrededor de la montaña, como si estuvieran esperando ser capturadas en una nueva historia.

**Despedida de la Montaña de las Palabras**
Con el atardecer coloreado del cielo, Leo y Lia comenzaron el descenso, llevando consigo no solo nuevas palabras y reglas gramaticales, sino también la certeza de que el lenguaje es un juego hermoso y complejo, lleno de infinitas posibilidades.

# La cueva de las palabras compuestas: Creación de nuevas palabras por combinación.

Tras conquistar el ascenso al monte de las palabras mágicas, Leo y Lia continuaron su aventura lingüística y llegaron a una fascinante formación dentro de la Montaña de las Palabras: La cueva de las palabras compuestas. Este lugar misterioso y resonante estaba iluminado por cristales que colgaban del techo, proyectando letras en las paredes rocosas.

**Juego 1: Los Cristales Combinatorios**
Un viejo búho, el guardián de la cueva, les dio la bienvenida y les presentó el primer desafío: "En esta cueva, las palabras se fusionan para formar nuevas. Usando los cristales combinatorios, deben unir palabras para crear compuestos que revelarán nuevos significados y desbloquearán el camino hacia la profundidad de la cueva."

Leo y Lia, fascinados por el juego de luces y sombras, comenzaron a experimentar:

Gira + sol = Girasol
Sacapuntas (saca + puntas)
Pararrayos (para + rayos)

Cada combinación correcta causaba que los cristales emitieran un suave brillo, iluminando inscripciones antiguas en las paredes que contaban la historia de las palabras.

**Juego 2: El Mosaico de las Palabras**
El búho les explicó el siguiente juego: "Ahora, frente a ustedes se encuentra el Mosaico de las Palabras.

Pisen las losetas que representan palabras simples y saltar a las que permitan formar un compuesto. Cada paso correcto los llevará más cerca del tesoro de la cueva: el Libro de Oro de la Lingüística."

Rompe + cabezas =  rompecabezas (juego de mesa)
Caracol + era = Caracolera (lugar donde habitan caracoles)

Con cada palabra compuesta correctamente formada, las losetas se iluminaban creando un camino luminoso que los guiaba hacia adelante.

**Juego 3: La Puerta de las Palabras Perfectas**

Finalmente, llegaron a una gran puerta de piedra inscrita con sílabas dispersas. "Este es el último desafío," anunció el búho. "Tienen que formar una palabra compuesta perfecta que funcione como clave para abrir esta puerta."

Leo y Lia, usando todo lo aprendido, observaron las sílabas: cumple + años. Juntos, exclamaron: "Cumpleaños" y la puerta comenzó a abrirse lentamente, revelando el Libro de Oro de la Lingüística.

### Reflexión en la cámara secreta
Dentro de la cámara, mientras hojeaban el libro iluminado por la luz de los cristales, Leo reflexionó: "Las palabras compuestas no son solo la unión de letras, sino de mundos, de ideas que juntas forman algo mayor, algo maravilloso." Lia asintió, agregando: "Y cada nueva palabra es como una pequeña obra de arte, lista para ser descubierta y compartida."

### Despedida de la cueva
Con el libro en manos, salieron de la cueva, no solo más sabios en el arte de la lingüística, sino también maravillados por la magia que las palabras compuestas podían crear. Sabían que cada combinación no era simplemente una mezcla, sino una puente entre ideas y entre las personas que las usan.

# El pico de las palabras difíciles: Técnicas para aprender a leer palabras largas y difíciles.

Tras superar los desafíos de la cueva de las palabras compuestas, Leo y Lia ascendieron hacia la sección más elevada de la Montaña de las Palabras: El pico de las palabras difíciles. Este lugar era conocido por sus vientos que susurraban términos complejos y sus senderos adornados con vocablos esquivos y retadores.

## Juego 1: Los Pilares de la Prefijación y la Sufijación

Al llegar, se encontraron con una serie de pilares que se erguían majestuosamente, cada uno grabado con prefijos y sufijos. Un sabio águila, custodia del pico, les explicó: "Para navegar por estos pilares, deben aprender a usar los prefijos y sufijos para modificar y entender palabras difíciles. Esto los ayudará a decodificar su significado y a hacerlas menos intimidantes."

Leo y Lia se acercaron al primer pilar donde estaba inscrito el prefijo "anti-" (contra) y el sufijo "-logía" (estudio de). Juntos, formaron la palabra "antología" (colección de obras literarias), y al hacerlo, el pilar brilló con una luz suave, indicando el camino correcto.

Continuaron su camino enfrentándose a otros pilares:

"Sub-" (debajo) y "-marino" (relativo al mar) crearon "submarino".
"Bio-" (vida) y "-grafía" (escrito sobre) unieron para formar "biografía".

**Juego 2: El Laberinto de las Sílabas Complicadas**
Más adelante, se encontraron con un laberinto donde cada turno estaba marcado con sílabas complicadas como "psico-", "xeno-", "ecto-", y "-logía", "-cracia", y "-fobia".

El águila les instruyó: "tienen que elegir los caminos que formen palabras entendibles y útiles. Esto os enseñará a enfrentar palabras largas y complejas con confianza."

En un cruce, eligieron "psico-" y "-logía", formando "psicología".

En otro, "xeno-" y "-fobia" combinaron para dar "xenofobia".

Cada elección correcta los acercaba al centro del laberinto, donde se revelaba el significado de estas palabras a través de paneles ilustrativos y explicativos.

## Juego 3: El Puente de los Compuestos Intrincados

Finalmente, llegaron a un puente colgante que presentaba un último desafío: el de los compuestos intricados.

"Aquí," dijo el águila, "Deben cruzarlo formando palabras compuestas extremadamente largas y difíciles. Usen lo aprendido sobre prefijos, sufijos, y sílabas para construir palabras que reflejen significados complejos y específicos."

"Electroencefalografista" (especialista en electroencefalografía), fue una de las palabras que formaron, usando el conocimiento de que "electro-" se refiere a electricidad, "encefalo-" a cerebro, "-grafía" a registro, y "-ista" a especialista.

Con cada paso que daban sobre el puente, las palabras formadas flotaban alrededor, creando un efecto visual de estar caminando entre nubes de conocimiento.

### Reflexión en la cumbre

Al completar la travesía del puente, Leo y Lia llegaron a la cumbre del Pico de las Palabras Difíciles. Mirando hacia atrás, hacia el camino que habían recorrido, Leo dijo: "Las palabras difíciles no son obstáculos, sino escalones que nos elevan hacia mayores alturas de entendimiento."

Lia agregó: "Y cada prefijo, cada sufijo, cada sílaba que aprendemos nos equipa mejor para escalar estos picos en el futuro."

## Despedida del Pico de las Palabras Difíciles

Satisfechos con las herramientas y el conocimiento adquirido, Leo y Lia comenzaron el descenso, listos para compartir y aplicar lo aprendido en sus futuras aventuras lingüísticas. Cada palabra difícil, ahora una amiga, les recordaría siempre el valor de persistir y aprender a través del juego y la exploración.

# Capítulo 5: El Valle de las Frases

# Construyendo frases en el valle verde: Practicar la creación de frases sencillas.

Después de dominar las palabras difíciles en el Pico de las Palabras, Leo y Lia descendieron hacia el Valle de las Frases, un exuberante y vasto valle lleno de flores que susurraban y arroyos que murmuraban frases completas. Este valle era el lugar ideal para aprender la estructura y el arte de formar frases sencillas.

**Juego 1: Los Jardines de la Gramática**
El valle estaba dividido en varios jardines, cada uno dedicado a un aspecto diferente de la gramática. La primera parada de Leo y Lia fue el Jardín de los Sujetos y Predicados. Aquí, flores de variados colores representaban los sujetos (nombres) y los predicos (verbos y complementos), y los niños tenían que recoger una de cada para formar oraciones coherentes.

Sujeto: Una flor azul con "El gato"
Predicado: Una flor roja con "duerme en el sofá"

Al combinar estas, formaron la frase: "El gato duerme en el sofá." Cada combinación correcta hacía que las flores emitieran una melodía armoniosa, confirmando su correcta elección.

**Juego 2: El Laberinto de los Modificadores**

Después de los jardines iniciales, llegaron al Laberinto de los Modificadores, donde deberían agregar adjetivos y adverbios para hacer las frases más descriptivas. Este laberinto estaba lleno de arbustos que llevaban palabras como "rápidamente", "hermoso", "tranquilamente", etc.

Frase base: "El niño juega"
Modificador: "El niño juega tranquilamente en el parque."

Cada modificador correctamente utilizado abría nuevas rutas en el laberinto, guiándolos hacia el centro, donde se revelaba el "Árbol de las Conjugaciones Completas".

**Juego 3: Los Puentes de la Conjugación**

El último desafío en el Valle de las Frases era cruzar los Puentes de la Conjugación. Aquí, Leo y Lia tenían que usar verbos en diferentes tiempos y personas para formar frases que describieran acciones pasadas, presentes y futuras, las cuales conectaban un lado del puente con el otro.

Verbo a usar: "Caminar"
Frases:
"Yo caminé por el sendero oscuro." (Pasado)
"Tú caminas por el sendero iluminado." (Presente)
"Él caminará hacia el nuevo amanecer." (Futuro)

Cada frase correctamente conjugada fortalecía el puente, permitiéndoles cruzar al siguiente jardín de aprendizaje gramatical.

### Reflexión en el bosque de la sintaxis
Al final del día, mientras descansaban bajo el gran "Árbol de las Conjugaciones Completas", Leo y Lia reflexionaron sobre lo aprendido. "Construir frases parece simple, pero cada palabra, cada modificador y cada tiempo verbal añade un significado especial," comentó Lia. Leo agregó: "Y al igual que en estos jardines, donde cada paso nos enseñó algo nuevo sobre la gramática, en la vida, cada frase que decimos puede abrir un nuevo camino de oportunidades y entendimiento."

### Despedida del Valle de las Frases
Con nuevas habilidades para formar y embellecer frases, Leo y Lia continuaron su viaje por la Montaña de las Palabras, listos para los desafíos que les esperaban en el siguiente capítulo de su aventura lingüística.

# El carrusel de las oraciones: Juegos para combinar oraciones y formar párrafos.

Tras dominar la construcción de frases sencillas en el Valle de las Frases, Leo y Lia avanzaron hacia una atracción luminosa y giratoria: el Carrusel de las Oraciones.

Este juego ingenioso estaba diseñado para enseñarles cómo enlazar oraciones de manera lógica y fluida para formar párrafos coherentes y atractivos.

### Juego 1: Los Caballos de las Conectivas

El carrusel estaba adornado con caballos esculpidos que representaban distintas conjunciones y conectores como y, pero, porque, sin embargo, y además.

El desafío consistía en seleccionar el caballo adecuado para unirse a las oraciones proporcionadas y formar un párrafo cohesivo.

### Oraciones iniciales:

"Leo vio una estrella fugaz."
"Lia deseó algo especial."
"El cielo estaba claro."

Leo y Lia empezaron a girar en el carrusel, eligiendo caballos y conectivos que mejor enlazaran las oraciones:

### Conectivos escogidos:

"y" entre la primera y segunda oración: "Leo vio una estrella fugaz y Lia deseó algo especial."
"porque" para introducir la tercera oración: "El cielo estaba claro, porque no había ni una nube en el cielo."

## Juego 2: La Rueda de las Relativas

Después de completar un giro en el carrusel, se dirigieron a la siguiente atracción, la Rueda de las Relativas, donde debían usar cláusulas de relativo que agregasen información adicional a las oraciones.

Oración base: "El jardín florece en primavera."
Información adicional: "el jardín está cerca del río"

Usando la Rueda de las Relativas, encontraron la forma correcta de combinar la información:

Oración completada: "El jardín, que está cerca del río, florece en primavera."

## Juego 3: Los Columpios de Subordinación

El último juego en esta área era los Columpios de Subordinación, enfocados en usar oraciones subordinadas para expandir ideas y conectar pensamientos de forma más profunda.

Oración principal: "Lia lee un libro."

Oración subordinada: "cuando llueve."

Balanceándose por el juego, enlazaron las frases con maestría:

Oración completa: "Lia lee un libro cuando llueve, y se imagina aventuras lejanas."

**Reflexión en el mirador de la narrativa**

Al completar los juegos, Leo y Lia se tomaron un momento para reflexionar en el mirador de la narrativa, mirando cómo el carrusel giraba iluminado por luces cálidas. "Combinar oraciones es como tejer," dijo Lia, "cada hilo conectivo añade fuerza y belleza al texto."

Leo asintió, agregando, "Y cada vuelta en estos juegos nos ha enseñado que un buen párrafo no solo informa, sino también encanta y conecta emocionalmente con el lector."

**Despedida del Valle de las Frases**

Reforzados en su habilidad para construir párrafos fluidos y articulados, los jóvenes aventureros se despidieron del Valle de las Frases, llevando consigo la confianza y las herramientas para expresarse clara y creativamente en cualquier escritura futura.

# El teatro del diálogo: Practicando conversaciones y diálogos.

Después de dominar la construcción de oraciones y párrafos en el Carrusel de las Oraciones, Leo y Lia avanzaron hacia la siguiente atracción en el Valle de las Frases: El Teatro del Diálogo.

Este espacio estaba dedicado a la práctica y el perfeccionamiento del arte de la conversación, crucial para el desarrollo de diálogos efectivos en cualquier forma de escritura.

**Juego 1: Los Escenarios del Diálogo**
El Teatro del Diálogo estaba dividido en varios "escenarios", cada uno representando diferentes situaciones cotidianas y literarias en las que los diálogos son esenciales. Un tucán teatral, el director del teatro, les dio la bienvenida con un vibrante "¡Luz, cámara, acción!" y les explicó el primer desafío:

"En cada escenario, encontrarán personajes esperando para interactuar. La tarea es que se unan a la escena y contribuir al diálogo, utilizando las claves contextuales y emocionales proporcionadas."

Escenario 1: Una fiesta de cumpleaños.
Contexto: Leo y Lia debían felicitar al anfitrión y preguntar sobre los invitados.
Diálogo de Leo: "¡Feliz cumpleaños, Marta! ¿Quiénes más están invitados hoy?"
Diálogo de Lia: "Espero que te guste el regalo. ¿Dónde debo ponerlo?"

Escenario 2: Una discusión sobre un proyecto escolar.
Contexto: Debatir sobre las responsabilidades de cada uno en el proyecto.

<u>Diálogo de Leo:</u> "Creo que debería encargarme de la investigación, ya que tengo acceso a buenos recursos."

<u>Diálogo de Lia:</u> "Buen punto, Leo. Yo podría centrarme en la presentación visual, ¿te parece?"

**Juego 2: El Carrusel de Emociones**

Después de interactuar en los escenarios básicos, el tucán los llevó a un carrusel especial donde debían practicar la inflexión emocional y la entrega de líneas con diferentes sentimientos.

"Este carrusel," explicó el tucán, "girará y, al detenerse, se enfrentarán a una emoción que deben adoptar al recitar su próximo diálogo."

<u>Emoción:</u> Alegría.

<u>Diálogo de Leo:</u> "¡Eso es genial! Con tu habilidad en el diseño y mi investigación, ¡nuestro proyecto será insuperable!"

<u>Emoción:</u> Frustración.

<u>Diálogo de Lia:</u> "No estoy segura de que estemos en la misma página, Leo. Necesitamos definir mejor nuestras partes para evitar confusiones."

**Juego 3: Duelo de Diálogos**

El último juego en el Teatro del Diálogo era el "Duelo de Diálogos", Leo y Lia debían ser rápidos para responder adecuadamente a réplicas inesperadas de otros personajes.

<u>Desafío:</u> Un debate en clase sobre un tema controvertido.

<u>Réplica inesperada:</u> "Pero, ¿no crees que eso contradice lo que dijiste antes?"

<u>Respuesta de Leo:</u> "Entiendo por qué podrías pensar eso, pero lo que quiero decir es que..."

## Reflexión tras el telón

Al final del día, mientras el telón caía y las luces del teatro se atenuaban, Leo y Lia reflexionaron sobre lo aprendido. "Los diálogos son más que palabras entre comillas; son la esencia de la conexión humana en la escritura," comentó Lia, impresionada por la profundidad de la interacción.

Leo asintió, añadiendo, "Y cada emoción, cada interrupción, nos enseña más sobre cómo las palabras pueden influir y moldear nuestras interacciones."

## Despedida del Teatro del Diálogo

Con nuevas habilidades para el diálogo y la conversación, Leo y Lia se despidieron del tucán y del teatro, listos para aplicar lo aprendido en sus futuras creaciones literarias y en la vida cotidiana. Sabían que la habilidad de dialogar no sólo mejoraría sus escritos, sino que también enriquecería sus relaciones personales.

# Capítulo 6: El Festival de los Cuentos

# Preparación del gran festival: Leo y Lia preparan un cuento para contar.

Después de perfeccionar su habilidad para construir frases y dialogar, Leo y Lia se dirigieron hacia el lugar más esperado en la Montaña de las Palabras: el Festival de los Cuentos. Este evento anual congregaba a narradores de todos los rincones del valle, quienes compartían historias maravillosas, enseñanzas y leyendas bajo el cielo estrellado.

**Juego 1: El Taller de Narrativas**
La primera parada de Leo y Lia fue el Taller de Narrativas, un espacio dedicado a la refinación de cuentos, donde jóvenes contadores de historias afinaban sus narrativas con la ayuda de expertos. El maestro del taller era un viejo león con una melena llena de letras y un rugido que parecía contar historias por sí solo.

"Para cautivar al público, vuestro cuento debe fluir como el río y resonar como el eco en la montaña," aconsejó el león mientras guiaba a Leo y Lia a través del proceso de selección de tema, estructura y elementos narrativos.

Tema elegido: La amistad y la aventura.
Estructura: Introducción, nudo, y desenlace.
Elementos Narrativos: Personajes entrañables, un conflicto emocionante, y una moraleja inspiradora.

**Juego 2: El Bosque de los Adornos Literarios**

Con su esqueleto de historia en mano, pasaron al Bosque de los Adornos Literarios. Aquí, las flores, plantas y árboles estaban etiquetados con dispositivos literarios como metáforas, símiles, personificaciones y aliteraciones. Leo y Lia recogieron:

<u>Metáfora:</u> "Las estrellas eran faroles que iluminaban su camino."

<u>Símil:</u> "El río corría rápido como un ciervo asustado."

<u>Personificación:</u> "Los árboles susurraban secretos antiguos."

<u>Aliteración:</u> "La luz de la luna lamió la lúgubre laguna."

**Juego 3: La Pradera de la Práctica**

Finalmente, antes de la presentación, llegaron a la Pradera de la Práctica, donde podían ensayar su cuento. Un grupo de criaturas del valle se ofreció como audiencia, y el eco de la pradera llevaba sus voces por todo el bosque, permitiendo que perfeccionaran el tono, el ritmo y la pausa.

<u>Ensayo de Leo:</u> Ajustó su voz para las partes de suspenso y suavizaba el tono al narrar momentos de calma.

<u>Ensayo de Lia:</u> Practicó la claridad y la emoción, asegurándose de que cada palabra tocara el corazón de la audiencia.

### Reflexión antes del Festival

Así, bajo la última luz del atardecer, Leo y Lia reflexionaron sobre lo aprendido. "Cada elemento que recogimos," dijo Leo, "desde las metáforas hasta las personificaciones, servirá para darle vida a nuestro cuento."

Lia asintió, agregando, "Y la práctica de hoy nos ha mostrado que la verdadera magia de contar cuentos reside en cómo las palabras afectan a quienes escuchan."

### La Noche del Festival

Cuando llegó la noche, el Festival de los Cuentos comenzó con una gran hoguera central. Leo y Lia, ahora plenamente preparados y confiados, se acercaron al fuego. Alrededor, una multitud de criaturas del valle esperaba ansiosamente.

Con las primeras palabras del cuento, "En un tiempo y lugar donde las estrellas eran faroles...", Leo y Lia no solo compartieron una historia, sino también el corazón y el alma que pusieron en ella. La audiencia quedó cautivada, cada metáfora, cada personificación, cada pausa, les transportaba más profundamente al mundo que los jóvenes narradores crearon.

### Despedida del Festival

Con el aplauso final resonando en la Montaña de las Palabras, Leo y Lia sintieron una mezcla de alivio y alegría.

Habían hecho más que contar un cuento; habían dejado una impresión duradera en el corazón de todos los presentes, demostrando que las palabras, cuando se usan con cuidado y creatividad, tienen el poder de unir, inspirar y transformar.

El Festival de los Cuentos no solo marcó el cierre de un capítulo en la aventura de Leo y Lia en la Montaña de las Palabras, sino que también celebró el arte de la narrativa que habían perfeccionado juntos. Con cada cuento contado, con cada juego jugado, se habían convertido no solo en mejores narradores, sino también en guardianes de las tradiciones y las historias que forman nuestro mundo.

# Noche de cuentos bajo las estrellas: Presentación de cuentos, con participación de padres y amigos.

Después de un día lleno de preparativos intensos en el Valle de las Frases, Leo y Lia estaban listos para el momento cumbre del Festival de los Cuentos: la noche de presentaciones bajo un cielo tachonado de estrellas. Familias, amigos, y viajeros de otros valles se habían congregado, cada uno dispuesto a compartir y escuchar historias en la ancestral tradición del festival.

**Preparativos finales:**
Antes de que cayera la noche, Leo y Lia, junto con otros jóvenes narradores, ayudaron a decorar el claro del bosque. Colgaron linternas de papel que flotaban suavemente sobre la brisa nocturna, cada una representando una historia famosa del valle. Los asientos se dispusieron en un semicírculo alrededor de una gran hoguera central, el punto de reunión donde cada cuento cobraría vida.

**El inicio de la presentación:**
Con las primeras estrellas comenzando a parpadear en el cielo, el viejo león, maestro de ceremonias, dio la bienvenida a todos con su voz profunda y resonante. Invitó a cada narrador a compartir su historia, recordando a todos que los cuentos son puentes entre generaciones y corazones.

**Leo y Lia hacen su presentación:**
Cuando llegó su turno, Leo y Lia se acercaron al centro con confianza, el fuego iluminando sus rostros emocionados. Comenzaron a narrar su cuento, "La Aventura de Liri y Leo", una historia de amistad y coraje:

<u>Leo (narrando):</u> "En un valle donde las flores susurran y los ríos cantan, Liri la liebre y Leo el león emprendieron un viaje para descubrir el Árbol Encantado, guardián de los secretos del bosque..."

<u>Lia (añadiendo diálogos y emociones):</u> "Mientras cruzaban el Río de los Rumores, Liri escuchó una voz susurrante entre las aguas, 'Cuidado con las promesas del viento', advertía la corriente con un murmullo casi inaudible."

**Participación de los padres y amigos:**
A medida que el cuento se desarrollaba, los padres de Leo y amigos de Lia intercalaban pequeños diálogos y efectos sonoros, añadiendo profundidad y riqueza al relato.

Su participación no solo enriqueció la historia, sino que también demostró la unión y el apoyo de la comunidad.

**Apogeo y desenlace de la historia:**

Climax (dramatizado por Leo): "Y allí, en la cúspide de la Colina del Eco, enfrentaron al mítico Cuervo de las Cien Voces. Leo, con un rugido que partió el silencio, y Liri, con un salto audaz, rescataron el Amuleto del Entendimiento, disipando las sombras de duda."

Conclusión (conmovedora, narrada por Lia): "Mientras descendían la colina, el bosque entero se iluminó con la luz del amuleto, y cada criatura, cada hoja, cada piedra cantó una canción de claridad y verdad."

**Reflexiones y aplausos:**

Al concluir, el público estalló en aplausos. Los rostros de los presentes, iluminados por la hoguera, reflejaban la magia de la historia compartida. El viejo león se acercó a Leo y Lia, colocando una pata sobre sus hombros, y con voz emocionada, declaró: "Hoy, no solo habéis contado una historia, habéis tejido esperanza y aventura en los corazones de todos los que os escucharon."

**Cierre del Festival:**

La noche continuó con más historias, cada una añadiendo hilos al rico tapiz de la cultura narrativa del valle.

Leo y Lia, sentados juntos, escuchaban fascinados, sabiendo que esa noche no solo habían sido oyentes sino también creadores de cuentos que resonarían en el valle durante muchos años.

En esta "Noche de cuentos bajo las estrellas", Leo y Lia aprendieron el poder de la narración para conectar y emocionar, llevando consigo no solo recuerdos del festival, sino también la certeza de que cada palabra, cada frase, cada historia tiene el poder de transformar y unir. Este capítulo cerró su aventura en la Montaña de las Palabras, pero abrió un nuevo capítulo en su vida, lleno de infinitas posibilidades narrativas.

## Un final festivo: Certificados de lectura y premios de palabras.

La noche de cuentos bajo las estrellas culminó con una celebración vibrante y emotiva, reconociendo el talento y el esfuerzo de todos los jóvenes narradores, incluidos Leo y Lia.

La comunidad del Valle de las Palabras se reunió para un final festivo, lleno de reconocimientos y alegría compartida.

### Ceremonia de entrega de certificados:
El viejo león, con su voz resonante y calidez paternal, inició la ceremonia de clausura.

"Cada narrador que ha compartido su historia con nosotros esta noche, ha tejido magia en el aire y ha tocado nuestros corazones," anunció mientras un suave aplauso llenaba el claro iluminado por la luna.

Uno por uno, los narradores fueron llamados al centro del círculo, Leo y Lia, al igual que sus compañeros, recibieron certificados de lectura decorados ornamentalmente con ilustraciones del Valle y sellos de la Montaña de las Palabras.

Estos certificados reconocían no solo su habilidad para contar historias sino también su compromiso con el arte de la narrativa.

**Premios de palabras:**
Además de los certificados, se entregaron premios especiales a los cuentos que destacaron en diversas categorías:

Premio a la Creatividad: Leo recibió este premio por su excelente uso de elementos literarios que enriquecieron su cuento, haciendo su narración vibrante y única.

Premio al Corazón de la Historia: Lia fue galardonada con este premio por su habilidad para tejer emociones profundas a través de sus palabras, resonando profundamente con la audiencia y dejando una impresión duradera.

**Reflexiones personales:**
Mientras los fuegos artificiales de palabras y letras iluminaban el cielo nocturno, Leo y Lia reflexionaron sobre su viaje. "Cada palabra que elegimos, cada frase que formamos, tiene el poder de mover el mundo," dijo Lia con una mirada soñadora hacia las estrellas.

Leo añadió, "Y cada historia que contamos no solo es nuestra, sino también de aquellos que la escuchan y la llevan consigo."

**Momentos de gratitud:**
La comunidad, en un gesto de gratitud colectiva, extendió su agradecimiento a los maestros y organizadores del festival. Flores y pequeños regalos hechos de palabras entrelazadas fueron entregados como símbolos de aprecio, cada uno acompañado de una nota escrita con elegantes trazos.

**Cierre musical:**
El final de la ceremonia fue marcado por una actuación musical: un coro de niños del valle interpretó una canción compuesta especialmente para el festival, con letras que narraban la aventura de todos los cuentistas a lo largo del festival. La melodía suave y las voces armoniosas llenaron el aire, entrelazándose con el susurro de las hojas y el murmullo de las aguas del río cercano.

**Despedida bajo las estrellas:**
Con el último verso de la canción y los últimos destellos de los fuegos artificiales desvaneciéndose en el cielo, el Festival de los Cuentos llegó a su fin. Leo y Lia, con certificados en mano y corazones llenos de historias y sueños, se prometieron continuar contando y creando, llevando con ellos el espíritu del festival dondequiera que fueran.

# Apéndice A: Juegos y actividades de lectura adicionales

Este apéndice proporciona una colección de juegos y actividades diseñados para reforzar las habilidades de lectura y comprensión, y para hacer del aprendizaje un proceso divertido y dinámico. Estos juegos pueden ser utilizados en casa o en el aula como complementos al currículo de lectura habitual.

## 1. Carrera de Relevos de Palabras

Objetivo: Este juego ayuda a mejorar el vocabulario y la rapidez en reconocer palabras.

Materiales:
- Tarjetas de palabras
- Dos cajas o recipientes
- Cronómetro

Instrucciones:
- Divide a los jugadores en dos equipos.
- Coloca las tarjetas de palabras en una caja al otro lado de la sala o del área de juego.
- Al inicio del cronómetro, el primer jugador de cada equipo corre hacia la caja, elige una tarjeta y debe decir la palabra en voz alta.

- El jugador regresa con la tarjeta y la deposita en la caja de su equipo, luego da el siguiente turno a su compañero.
- El juego continúa hasta que todas las tarjetas han sido recogidas.
- El equipo que recolecte más tarjetas en el menor tiempo gana.

<u>Variante para aumentar dificultad:</u> Incluir tarjetas que requieran que el jugador use la palabra en una oración o que den una definición rápida antes de volver a la línea de partida.

## 2. Bingo de Sinónimos y Antónimos
<u>Objetivo:</u> Este juego fomenta el entendimiento de palabras a través de sus sinónimos y antónimos.

Materiales:
- Tarjetas de bingo con palabras en lugar de números
- Lista de sinónimos y antónimos para el llamador

<u>Instrucciones:</u>
- Cada jugador recibe una tarjeta de bingo con palabras.
- El llamador dice un sinónimo o antónimo de una palabra que está en las tarjetas de bingo.
- Los jugadores deben identificar la palabra correcta en su tarjeta y marcarla.

- El primer jugador en completar una línea recta (horizontal, vertical, o diagonal) y gritar "Bingo" gana.

<u>Sugerencia educativa:</u> Utiliza este juego para revisar palabras antes de un examen de vocabulario.

### 3. Pesca de Palabras

<u>Objetivo:</u> Promover la decodificación y reconocimiento de palabras en un formato divertido y interactivo.

<u>Materiales:</u>
- Palabras impresas en papel o cartón
- Un 'estanque' hecho de una caja o contenedor grande
- Imanes pegados en las palabras
- Cañas de pescar hechas con varillas y cuerda, con un imán en el extremo de la cuerda

<u>Instrucciones:</u>
- Coloca las palabras imantadas dentro del estanque.
- Los jugadores usan las cañas de pescar para atrapar las palabras.
- Cada palabra 'pescada' debe ser leída en voz alta, y el jugador debe decir una oración que la contenga correctamente.

- Se asignan puntos por cada palabra correctamente utilizada y se suman más puntos si es usada en una oración creativa o compleja.

## 4. El Constructor de Historias

<u>Objetivo:</u> Este juego estimula la creatividad y la habilidad para construir narrativas coherentes.

<u>Materiales:</u>
- Tarjetas de palabras (sustantivos, verbos, adjetivos, adverbios)
- Temporizador

<u>Instrucciones:</u>
- Los jugadores seleccionan una tarjeta de cada categoría.
- Establece un tiempo límite para crear una historia que incluya todas las palabras seleccionadas.
- Las historias son luego compartidas con el grupo.
- Se pueden otorgar puntos basados en la creatividad, la coherencia de la narrativa, y el uso adecuado de las palabras.

<u>Beneficio adicional:</u> Este juego también puede servir como un ejercicio de escritura creativa bajo presión de tiempo.

## 5. Laberinto de Lectura

Objetivo: Mejorar la comprensión lectora a través de un enfoque interactivo y físico.

Materiales:
- Un laberinto grande impreso o dibujado en el suelo
- Tarjetas de preguntas basadas en un texto leído

Instrucciones:
- Los jugadores comienzan en la entrada del laberinto.
- Para avanzar, deben responder correctamente preguntas de comprensión que les permiten moverse a la siguiente sección.
- El primer jugador en salir del laberinto, después de haber contestado correctamente todas las preguntas, gana.

Elemento educativo: Este juego es excelente para revisar textos largos y mejorar las habilidades de retención de información.

Estas actividades están diseñadas para ser educativas y entretenidas, pueden adaptarse para diferentes edades y niveles de habilidad lectora. Al incorporar estos juegos en el aprendizaje diario, los educadores y padres pueden ayudar a los niños a desarrollar una relación más profunda y enriquecedora con la lectura y la literatura.

## 6. Carrusel Literario

Objetivo: Este juego ayuda a mejorar la fluidez lectora y la capacidad de recordar detalles específicos de la lectura.

Materiales:
- Tarjetas con citas de diferentes libros
- Un carrusel o ruleta
- Un temporizador

Instrucciones:
- Cada tarjeta de cita pertenece a un libro diferente y contiene un breve extracto o una pregunta sobre el libro.
- Los jugadores giran el carrusel y seleccionan una tarjeta al azar cuando se detiene.
- Deben leer la cita y luego contar algo sobre el libro del que se extrajo (puede ser el plot, describir un personaje, o explicar cómo se sienten sobre el contenido de la cita).
- Se pueden asignar puntos por respuestas correctas y detalladas.

## 7. El Juego de los Dados Literarios

Objetivo: Fomentar la creatividad y la construcción de historias coherentes y completas.

Materiales:
- Dados con imágenes o palabras en cada cara
- Hojas de papel y lápices

- Los jugadores lanzan los dados y deben crear una historia que incluya los elementos que aparecen en los dados (pueden ser personajes, objetos, acciones, etc.).
- Cada jugador tiene un tiempo limitado (por ejemplo, 10 minutos) para escribir su historia.
- Al final, cada jugador lee su historia. Se pueden dar premios a la historia más creativa, la más divertida, o la más emocionante.

## 8. Sopa de Letras Viviente

<u>Objetivo:</u> Este juego es excelente para vocabulario y reconocimiento de palabras en un formato físico y divertido.

<u>Materiales:</u>
- Tarjetas de letras grandes
- Un espacio amplio, preferiblemente al aire libre

<u>Instrucciones:</u>
- Coloca las tarjetas de letras en el suelo, esparcidas en un gran círculo o cuadrado.
- Los jugadores (o equipos) reciben una lista de palabras que deben formar utilizando las letras en el suelo.

- Al estilo de una sopa de letras, deben correr al centro, encontrar y tocar las letras en orden para formar la palabra.
- Se otorgan puntos por cada palabra correctamente formada y por la rapidez.

## 9. Torneo de Preguntas de Comprensión

Objetivo: Mejorar la comprensión lectora y la capacidad de recordar información bajo presión.

Materiales:
- Textos cortos (pueden ser párrafos de libros, artículos, etc.)
- Una lista de preguntas basadas en los textos
- Un timbre o buzzer

Instrucciones:
- Los jugadores leen un texto corto al inicio de cada ronda.
- El moderador hace preguntas relacionadas con el texto.
- El primer jugador en presionar el timbre responde. Si la respuesta es correcta, gana un punto.
- Ganará quien acumule más puntos al final de varias rondas.

## 10. Construcción de Palabras en Pirámide

Objetivo: Este juego promueve habilidades de ortografía y vocabulario, desafiando a los jugadores a construir palabras de manera incremental.

**Materiales:**

- Tarjetas de letras
- Tablero de juego con un triángulo grande dividido en segmentos desde la base (más amplia) hasta la punta (un solo segmento).

**Instrucciones:**

- Los jugadores seleccionan una tarjeta y colocan la letra en la base del triángulo.
- Cada nueva letra añadida debe formar una nueva palabra utilizando las letras anteriores (por ejemplo, "sol", "solo", "solera").
- Las palabras pueden ser extendidas en cualquier dirección, pero deben seguir la forma de la pirámide.
- Se otorgan puntos por la longitud de la palabra y la dificultad de las letras utilizadas (letras como Q, Z, J son más valiosas).

Estas actividades están diseñadas para ser accesibles y modificables según las necesidades y el nivel de los estudiantes. Al implementar juegos que combinan diversión con aprendizaje académico, se puede aumentar significativamente la motivación y el interés de los niños por la lectura y la escritura.

# Apéndice B: Guía para Padres sobre Cómo Apoyar a los Lectores Emergentes

Esta guía está diseñada para ayudar a los padres a apoyar el desarrollo de habilidades de lectura en sus hijos, especialmente en aquellos que están comenzando su viaje como lectores emergentes. Estos consejos y estrategias están pensados para hacer de la lectura un proceso divertido, accesible y enriquecedor.

## 1. Crear un Ambiente Lector
### a. Espacio de Lectura:

- Configuración: Establezca un rincón de lectura acogedor en su hogar donde su hijo pueda leer sin interrupciones. Este lugar debe tener buena iluminación, ser cómodo y estar alejado de distracciones como la televisión o el tráfico frecuente de la casa.

- Materiales a Mano: Asegúrese de que haya una variedad de materiales de lectura disponibles que sean apropiados para la edad y los intereses de su hijo, incluyendo libros, revistas, periódicos, y también libros electrónicos o audiolibros.

## b. Rutinas de Lectura:

- Tiempo para Leer: Dedique un tiempo específico cada día para la lectura, fomentando así una rutina que su hijo esperará con ilusión. Incluso 15 a 20 minutos pueden tener un impacto significativo.

- Leer Juntos: Participe en sesiones de lectura con su hijo, leyendo en voz alta y dejando que él o ella también lea cuando sea posible. Esto no solo mejora la habilidad lectora, sino que también fortalece el vínculo familiar.

## 2. Fomentar la Confianza y el Interés
## a. Elección de Libros:

- Intereses del Niño: Permita que su hijo elija libros que le interesen para aumentar su motivación por la lectura.

- Variedad: Ofrezca una amplia gama de géneros y temas para explorar, lo que ayuda a expandir sus preferencias y descubrir nuevos intereses.

## b. Apoyo Emocional:

- Paciencia y Apoyo: Muestre paciencia y brinde apoyo constante. Felicite a su hijo por su esfuerzo, independientemente de su nivel de habilidad.

- Error como Oportunidad: Trate cada error como una oportunidad de aprendizaje. Ayude a su hijo a ver sus errores sin juicio, simplemente como pasos hacia la mejora.

## 3. Desarrollar Habilidades de Comprensión
a. Preguntas Interactivas:
- Antes de Leer: Haga preguntas sobre las ilustraciones o el título del libro para estimular la predicción y la inferencia.

- Durante la Lectura: Haga preguntas que animen a su hijo a pensar en lo que está leyendo, como "¿Qué crees que sucederá después?" o "¿Por qué el personaje hizo eso?"

- Después de Leer: Discuta el libro con su hijo. Pregunte sobre las lecciones aprendidas y opiniones personales para mejorar la comprensión y la crítica literaria.

b. Juegos de Comprensión:
- Resume: Utilice dados con imágenes o palabras para que su hijo cuente la historia que acaba de leer, utilizando los elementos que aparecen en los dados.

- Mapas de Historias: Dibujen juntos un mapa de la trama del libro, incluyendo los principales eventos, personajes y ubicaciones.

**4. Utilizar Recursos Tecnológicos**
a. Aplicaciones y Sitios Web:

- Aplicaciones Educativas: Utilice aplicaciones de lectura que proporcionen actividades interactivas de comprensión y vocabulario.

- Bibliotecas Digitales: Inscríbase en bibliotecas digitales que ofrecen acceso a una gran cantidad de libros adecuados para la edad de su hijo.

b. Audiobooks:
Escuchar para Aprender: Incluya audiolibros en la rutina de lectura. Escuchar historias leídas profesionalmente puede mejorar la comprensión, el vocabulario y la fluidez en la lectura.

**5. Involucramiento Comunitario y Escolar**
a. Actividades Locales:

- Grupos de Lectura: Participe en o organice grupos de lectura para niños en su comunidad o en la biblioteca local.

- Eventos de Lectura: Asista a ferias de libros, horas de cuentos y talleres de lectura y escritura ofrecidos por bibliotecas o escuelas.

## b. Colaboración con Educadores:

- Reuniones de Padres y Maestros: Utilice estas reuniones para discutir el progreso de lectura de su hijo y obtener recomendaciones personalizadas de materiales y estrategias de lectura.

- Recursos Escolares: Aproveche los recursos que la escuela de su hijo ofrece, como acceso a la biblioteca escolar o programas después de clases.

## Conclusión:

Esta guía ofrece herramientas y estrategias concretas para apoyar a los lectores emergentes, haciendo de la lectura un pilar emocionante y fundamental en su desarrollo educativo. Al seguir estos consejos, los padres pueden proporcionar un apoyo invaluable que no solo mejora las habilidades de lectura de los niños, sino que también fomenta un amor duradero por la literatura.

# Conclusiones

A medida que el Festival de los Cuentos llegaba a su fin y las últimas llamas de la hoguera comenzaban a desvanecerse bajo el cielo estrellado del Valle de las Frases, Leo y Lia, exhaustos pero felices, se recostaron sobre la suave hierba, mirando hacia las estrellas que brillaban como palabras luminosas escritas en el cielo infinito.

**Un Viaje a Través de la Montaña de las Palabras**
La aventura había comenzado al pie de la Montaña de las Palabras, donde Leo y Lia, impulsados por su curiosidad y amor por las historias, se enfrentaron a desafíos que los llevaron a explorar desde los secretos más profundos de las sílabas hasta el arte sublime de tejer diálogos en el Teatro del Diálogo.

**Cada etapa del viaje había sido una lección:**
En La Isla de las Vocales, aprendieron que las vocales son el corazón de las palabras, pulsando con vida y posibilidad.

Ascendiendo la montaña, en El Bosque de las Consonantes, descubrieron cómo las consonantes dan forma y estructura a las palabras, permitiéndoles modelar el mundo a su alrededor con cada término que dominaban.

En la cima, en El Pico de las Palabras Difíciles, enfrentaron sus miedos lingüísticos y transformaron la intimidación en conocimiento, armándose de prefijos, sufijos y todo tipo de complejidades léxicas.

Descendiendo al Valle de las Frases, encontraron la melodía en la gramática, la cadencia en la conjunción, y la belleza en la construcción de oraciones que fluyen como ríos de tinta y pensamiento.

Finalmente, en el Festival de los Cuentos, compartieron su viaje, narrando historias tejidas con hilos de sabiduría recogidos a lo largo de su ascenso, tocando corazones y encendiendo imaginaciones con palabras hábilmente entrelazadas.

### Lecciones Aprendidas

La importancia de cada palabra: Leo y Lia aprendieron que cada palabra, por pequeña que sea, tiene un impacto y que conocer su origen y su estructura puede abrir universos de entendimiento.

El poder de la narración: Descubrieron que contar historias es más que recitar hechos; es respirar vida en los caracteres, pintar paisajes con descripciones y mover las emociones de los oyentes con diálogos.

La comunidad y la comunicación: Cada juego y cada desafío no solo fueron pruebas para superar, sino también oportunidades para comunicarse y conectar, reforzando la idea de que el lenguaje es el puente más duradero entre las almas.

**El Futuro de Leo y Lia**
Mientras las estrellas seguían sus danzas antiguas en el cielo, Leo y Lia hablaron de futuros capítulos aún por escribir.

Con los certificados del festival en una mano y el Libro de Oro de la Lingüística en la otra, sabían que cada palabra que leían, cada frase que formaban y cada historia que contaban, era un paso hacia nuevos horizontes.

"¿Qué será lo próximo para nosotros?" preguntó Lia con una sonrisa.

"Cualquier cosa que queramos," respondió Leo, "porque con cada palabra que sabemos, somos un poco más libres para soñar, un poco más sabios para compartir, y un poco más valientes para explorar."

Con eso, los dos amigos, hermanos en espíritu y camaradas en aventura, se prometieron continuar aprendiendo, contando y viviendo historias, porque en el mundo de Leo y Lia, cada fin es simplemente el comienzo de otra maravillosa narración.

Y así, bajo el manto de la noche, con corazones ligeros y mentes llenas de sueños, Leo y Lia esperaron el amanecer, listos para contar y crear muchos más cuentos en los días por venir.

Este libro no solo es un viaje a través de la gramática y la estructura del lenguaje, sino también una celebración del poder de la narrativa y la importancia de la comunicación humana. Leo y Lia, a través de sus aventuras y desafíos, nos enseñan que entender las palabras es la clave para entender el corazón de otro, y en eso radica la verdadera magia de la lectura y la literatura.

# Petición de Reseña

Queridos lectores,

Esperamos que hayan disfrutado de la increíble jornada de Leo y Lia a través de la Montaña de las Palabras tanto como nosotros disfrutamos creándola. Esta historia fue escrita con el deseo de no solo entretener sino también educar, inspirando a niños y adultos por igual a explorar el maravilloso mundo de la lengua y la literatura.

Ahora, nos encantaría escuchar tus opiniones sobre el libro. Si puedes tomarte un momento para dejar una reseña, estaríamos profundamente agradecidos. Tus comentarios no solo nos ayudan a mejorar sino que también ayudan a otros lectores a descubrir y disfrutar de nuestra obra. Aquí hay algunas preguntas para guiar su reseña, si así lo desea:

- ¿Cuál fue su parte favorita del libro y por qué?
- ¿Cómo describiría el desarrollo de los personajes de Leo y Lia a lo largo de la historia?
- ¿Qué lecciones cree que se pueden aprender de las aventuras de Leo y Lia?
- ¿Hay algo que cambiaría del libro?

- ¿Recomendaría este libro a otros lectores? ¿Por qué?

Puede dejar su reseña en el sitio donde adquirió el libro o en plataformas de reseñas literarias como Goodreads o Amazon. También nos encantaría que compartiera su experiencia con amigos y familiares que disfruten de historias enriquecedoras y educativas.

Gracias por su tiempo y por acompañar a Leo y Lia en su viaje. Sus palabras significan el mundo para nosotros y para la comunidad lectora. ¡Esperamos seguir creando historias que inspiren, eduquen y entretengan!

Con gratitud,
Dra. Elena Ferrer

### Consejos para Dejar una Reseña Útil:

Sea Honesto: Su honestidad ayuda a otros lectores a hacer una elección informada.

Sea Específico: Detalles específicos sobre lo que le gustó o no del libro pueden ser muy útiles.

Evite Spoilers: Trate de no revelar partes cruciales de la trama que podrían arruinar la experiencia de futuros lectores.

<u>Revise Antes de Publicar:</u> Una rápida revisión para corregir errores ortográficos hará que su reseña sea más fácil de leer.

Gracias por contribuir a la comunidad de lectores y por ayudar a promover el amor por la lectura y el aprendizaje a través de sus valiosos comentarios.

# Comunidad

Hemos creado un canal de Telegram donde te compartiremos novedades, ebooks gratis, cuentos, chistes y demás libros infantiles que te van a gustar.
Entra sin compromiso:

Printed by Libri Plureos GmbH in Hamburg,
Germany